HausGemacht

Bautagebuch, Baujournal, Eintragbuch und Bauphasenbegleiter für Bauherren!

Die Hafenprinzessin

Dieses Buch gehört:

Neubau, Anbau, Umbau oder Renovierungsprojekt

Straße und Hausnummer:

Dieses Buch wurde geschenkt/überreicht von:

(Name/Stempel/Visitenkarte einkleben etc.)

Inhaltsverzeichnis

Impressum

© 2020 youneo projects flick und weber GbR

Verantwortlich

Christian Flick / Mathias Weber

youneo projects flick und weber GbR, Poststraße 1, 49326 Melle

info@youneoprojects.de, www.youneoprojects.de

Herstellung und Verlag

BoD - Books on Demand, Norderstedt

Bildquellen

© Romolo Tavani/shutterstock (Cover), ddok/shutterstock, Happy Art/shutterstock, Lemberg Vector studio/shutterstock

Hafenprinzessin® ist eine eingetragene Marke der youneo projects flick und weber GbR.

ISBN: 9783750480223

Unser Baugrundstück

Fotos von Ihrem Grundstück

Unser Baugrundstück

Lageplan

# Unser Eigenheim

Pläne vom Haus

(Grundrisse, Ansichten, Rendering)

 # Unser Eigenheim

Pläne vom Haus
(Grundrisse, Ansichten, Rendering)

Unser Eigenheim

Pläne vom Haus

(Grundrisse, Ansichten, Rendering)

Unser Eigenheim

Pläne vom Haus

(Grundrisse, Ansichten, Rendering)

Unser Eigenheim

Kurze Beschreibung (z.B. ein Haus nach EnEV, KFW55, KFW 50, KFW 40):

 # Unser Eigenheim

Kurze Beschreibung (z.B. ein Haus nach EnEV, KFW55, KFW 50, KFW 40):

Baugenehmigung

Kopie der Baugenehmigung

 # Baugenehmigung

Auflagen der Baubehörde:

Baubeginn erfolgte am:

 # Für uns plant

Architekt, Bauträger:

Liste der am Bau beteiligten Unternehmen

Firma/Gewerk/Anschrift und Tel.:

Woche 1

○ Rohbau   ○ Innenausbau   ○ Restarbeiten

In dieser Woche wurden folgende Gewerke begonnen oder erfolgreich fertiggestellt:

In dieser Woche gab es folgende besondere Herausforderungen und/oder Probleme:

In dieser Woche hatten wir fleißige Hilfe von folgenden „Händen" (Familie, Nachbar etc.):

Die Stimmung in dieser Woche war (bitte ankreuzen):

○ ☺ sehr gut   ○ 😐 geht so   ○ ☹ nächste Frage

Liegen wir noch in unserer Zeitplanung? (bitte ankreuzen):

○ ✔ ja   ○ ✘ nein

Optionale Verzögerungsdauer in Tagen:

Auf dieser Seite können Sie Fotos vom Bauabschnitt dieser Hausbauwoche einkleben, ein nettes Erlebnis als Text festhalten, ein Anlieferetikett als humorvollen Beitrag einkleben oder auch selbst kreative Skizzen einzeichnen etc.:

Woche 2

Datum:

○ 🔺 Rohbau   ○ 🎨 Innenausbau   ○ 📐 Restarbeiten

In dieser Woche wurden folgende Gewerke begonnen oder erfolgreich fertiggestellt:

In dieser Woche gab es folgende besondere Herausforderungen und/oder Probleme:

In dieser Woche hatten wir fleißige Hilfe von folgenden „Händen" (Familie, Nachbar etc.):

Die Stimmung in dieser Woche war (bitte ankreuzen):

○ 🙂 sehr gut   ○ 😐 geht so   ○ 🙁 nächste Frage

Liegen wir noch in unserer Zeitplanung? (bitte ankreuzen):

○ ✔ ja   ○ ✖ nein

Optionale Verzögerungsdauer in Tagen:

Auf dieser Seite können Sie Fotos vom Bauabschnitt dieser Hausbauwoche einkleben, ein nettes Erlebnis als Text festhalten, ein Anlieferetikett als humorvollen Beitrag einkleben oder auch selbst kreative Skizzen einzeichnen etc.:

Woche 3

Datum:

○ 🔲 Rohbau   ○ 🔲 Innenausbau   ○ 🔲 Restarbeiten

In dieser Woche wurden folgende Gewerke begonnen oder erfolgreich fertiggestellt:

In dieser Woche gab es folgende besondere Herausforderungen und/oder Probleme:

In dieser Woche hatten wir fleißige Hilfe von folgenden „Händen" (Familie, Nachbar etc.):

Die Stimmung in dieser Woche war (bitte ankreuzen):

○ ☺ sehr gut   ○ 😐 geht so   ○ ☹ nächste Frage

Liegen wir noch in unserer Zeitplanung? (bitte ankreuzen):

○ ✔ ja   ○ ✖ nein

Optionale Verzögerungsdauer in Tagen:

Auf dieser Seite können Sie Fotos vom Bauabschnitt dieser Hausbauwoche einkleben, ein nettes Erlebnis als Text festhalten, ein Anlieferetikett als humorvollen Beitrag einkleben oder auch selbst kreative Skizzen einzeichnen etc.:

Woche 4

○ 🔲 Rohbau   ○ 🔲 Innenausbau   ○ 🔲 Restarbeiten

In dieser Woche wurden folgende Gewerke begonnen oder erfolgreich fertiggestellt:

In dieser Woche gab es folgende besondere Herausforderungen und/oder Probleme:

In dieser Woche hatten wir fleißige Hilfe von folgenden „Händen" (Familie, Nachbar etc.):

Die Stimmung in dieser Woche war (bitte ankreuzen):

○ ☺ sehr gut   ○ 😐 geht so   ○ ☹ nächste Frage

Liegen wir noch in unserer Zeitplanung? (bitte ankreuzen):

○ ✔ ja   ○ ✘ nein

Optionale Verzögerungsdauer in Tagen:

Auf dieser Seite können Sie Fotos vom Bauabschnitt dieser Hausbauwoche einkleben, ein nettes Erlebnis als Text festhalten, ein Anlieferetikett als humorvollen Beitrag einkleben oder auch selbst kreative Skizzen einzeichnen etc.:

Woche 5

Datum:

○   Rohbau   ○   Innenausbau   ○   Restarbeiten

In dieser Woche wurden folgende Gewerke begonnen oder erfolgreich fertiggestellt:

In dieser Woche gab es folgende besondere Herausforderungen und/oder Probleme:

In dieser Woche hatten wir fleißige Hilfe von folgenden „Händen" (Familie, Nachbar etc.):

Die Stimmung in dieser Woche war (bitte ankreuzen):

○   ☺   sehr gut   ○   😐   geht so   ○   ☹   nächste Frage

Liegen wir noch in unserer Zeitplanung? (bitte ankreuzen):

○   ✔   ja   ○   ✘   nein

Optionale Verzögerungsdauer in Tagen:

Auf dieser Seite können Sie Fotos vom Bauabschnitt dieser Hausbauwoche einkleben, ein nettes Erlebnis als Text festhalten, ein Anlieferetikett als humorvollen Beitrag einkleben oder auch selbst kreative Skizzen einzeichnen etc.:

Woche 6

Datum:

○ 🔲 Rohbau   ○ 🔲 Innenausbau   ○ 🔲 Restarbeiten

In dieser Woche wurden folgende Gewerke begonnen oder erfolgreich fertiggestellt:

In dieser Woche gab es folgende besondere Herausforderungen und/oder Probleme:

In dieser Woche hatten wir fleißige Hilfe von folgenden „Händen" (Familie, Nachbar etc.):

Die Stimmung in dieser Woche war (bitte ankreuzen):

○ ☺ sehr gut   ○ 😐 geht so   ○ ☹ nächste Frage

Liegen wir noch in unserer Zeitplanung? (bitte ankreuzen):

○ ✔ ja   ○ ✖ nein

Optionale Verzögerungsdauer in Tagen:

Auf dieser Seite können Sie Fotos vom Bauabschnitt dieser Hausbauwoche einkleben, ein nettes Erlebnis als Text festhalten, ein Anlieferetikett als humorvollen Beitrag einkleben oder auch selbst kreative Skizzen einzeichnen etc.:

Woche 7

Datum:

○ Rohbau   ○ Innenausbau   ○ Restarbeiten

In dieser Woche wurden folgende Gewerke begonnen oder erfolgreich fertiggestellt:

In dieser Woche gab es folgende besondere Herausforderungen und/oder Probleme:

In dieser Woche hatten wir fleißige Hilfe von folgenden „Händen" (Familie, Nachbar etc.):

Die Stimmung in dieser Woche war (bitte ankreuzen):

○ ☺ sehr gut   ○ 😐 geht so   ○ ☹ nächste Frage

Liegen wir noch in unserer Zeitplanung? (bitte ankreuzen):

○ ✔ ja   ○ ✘ nein

Optionale Verzögerungsdauer in Tagen:

Auf dieser Seite können Sie Fotos vom Bauabschnitt dieser Hausbauwoche einkleben, ein nettes Erlebnis als Text festhalten, ein Anlieferetikett als humorvollen Beitrag einkleben oder auch selbst kreative Skizzen einzeichnen etc.:

Woche 8

Datum:

○ 🔺 Rohbau   ○ 🔳 Innenausbau   ○ 🔷 Restarbeiten

In dieser Woche wurden folgende Gewerke begonnen oder erfolgreich fertiggestellt:

In dieser Woche gab es folgende besondere Herausforderungen und/oder Probleme:

In dieser Woche hatten wir fleißige Hilfe von folgenden „Händen" (Familie, Nachbar etc.):

Die Stimmung in dieser Woche war (bitte ankreuzen):

○ ☺ sehr gut   ○ 😐 geht so   ○ ☹ nächste Frage

Liegen wir noch in unserer Zeitplanung? (bitte ankreuzen):

○ ✔ ja   ○ ✘ nein

Optionale Verzögerungsdauer in Tagen:

Auf dieser Seite können Sie Fotos vom Bauabschnitt dieser Hausbauwoche einkleben, ein nettes Erlebnis als Text festhalten, ein Anlieferetikett als humorvollen Beitrag einkleben oder auch selbst kreative Skizzen einzeichnen etc.:

Woche 9

Datum:

○ Rohbau   ○ Innenausbau   ○ Restarbeiten

In dieser Woche wurden folgende Gewerke begonnen oder erfolgreich fertiggestellt:

In dieser Woche gab es folgende besondere Herausforderungen und/oder Probleme:

In dieser Woche hatten wir fleißige Hilfe von folgenden „Händen" (Familie, Nachbar etc.):

Die Stimmung in dieser Woche war (bitte ankreuzen):

○ ☺ sehr gut   ○ 😐 geht so   ○ ☹ nächste Frage

Liegen wir noch in unserer Zeitplanung? (bitte ankreuzen):

○ ✔ ja   ○ ✖ nein

Optionale Verzögerungsdauer in Tagen:

34

Auf dieser Seite können Sie Fotos vom Bauabschnitt dieser Hausbauwoche einkleben, ein nettes Erlebnis als Text festhalten, ein Anlieferetikett als humorvollen Beitrag einkleben oder auch selbst kreative Skizzen einzeichnen etc.:

Woche 10

○ Rohbau   ○ Innenausbau   ○ Restarbeiten

In dieser Woche wurden folgende Gewerke begonnen oder erfolgreich fertiggestellt:

In dieser Woche gab es folgende besondere Herausforderungen und/oder Probleme:

In dieser Woche hatten wir fleißige Hilfe von folgenden „Händen" (Familie, Nachbar etc.):

Die Stimmung in dieser Woche war (bitte ankreuzen):

○ ☺ sehr gut   ○ 😐 geht so   ○ ☹ nächste Frage

Liegen wir noch in unserer Zeitplanung? (bitte ankreuzen):

○ ✔ ja   ○ ✘ nein

Optionale Verzögerungsdauer in Tagen:

Auf dieser Seite können Sie Fotos vom Bauabschnitt dieser Hausbauwoche einkleben, ein nettes Erlebnis als ¯ext festhalten, ein Anlieferetikett als humorvollen Beitrag einkleben oder auch selbst kreative Skizzen einzeichnen etc.:

Woche 11

Datum:

○ Rohbau　　　○ Innenausbau　　　○ Restarbeiten

In dieser Woche wurden folgende Gewerke begonnen oder erfolgreich fertiggestellt:

In dieser Woche gab es folgende besondere Herausforderungen und/oder Probleme:

In dieser Woche hatten wir fleißige Hilfe von folgenden „Händen" (Familie, Nachbar etc.):

Die Stimmung in dieser Woche war (bitte ankreuzen):

○ ☺ sehr gut　　　○ 😐 geht so　　　○ ☹ nächste Frage

Liegen wir noch in unserer Zeitplanung? (bitte ankreuzen):

○ ✔ ja　　　○ ✘ nein

Optionale Verzögerungsdauer in Tagen:

Auf dieser Seite können Sie Fotos vom Bauabschnitt dieser Hausbauwoche einkleben, ein nettes Erlebnis als Text festhalten, ein Anlieferetikett als humorvollen Beitrag einkleben oder auch selbst kreative Skizzen einzeichnen etc.:

Woche 12

Datum:

○   Rohbau   ○   Innenausbau   ○   Restarbeiten

In dieser Woche wurden folgende Gewerke begonnen oder erfolgreich fertiggestellt:

In dieser Woche gab es folgende besondere Herausforderungen und/oder Probleme:

In dieser Woche hatten wir fleißige Hilfe von folgenden „Händen" (Familie, Nachbar etc.):

Die Stimmung in dieser Woche war (bitte ankreuzen):

○   😊   sehr gut   ○   😐   geht so   ○   🙁   nächste Frage

Liegen wir noch in unserer Zeitplanung? (bitte ankreuzen):

○   ✔   ja   ○   ✘   nein

Optionale Verzögerungsdauer in Tagen:

Auf dieser Seite können Sie Fotos vom Bauabschnitt dieser Hausbauwoche einkleben, ein nettes Erlebnis als Text festhalten, ein Anlieferetikett als humorvollen Beitrag einkleben oder auch selbst kreative Skizzen einzeichnen etc.:

Woche 13

Datum:

○ Rohbau   ○ Innenausbau   ○ Restarbeiten

In dieser Woche wurden folgende Gewerke begonnen oder erfolgreich fertiggestellt:

In dieser Woche gab es folgende besondere Herausforderungen und/oder Probleme:

In dieser Woche hatten wir fleißige Hilfe von folgenden „Händen" (Familie, Nachbar etc.):

Die Stimmung in dieser Woche war (bitte ankreuzen):

○ ☺ sehr gut   ○ 😐 geht so   ○ ☹ nächste Frage

Liegen wir noch in unserer Zeitplanung? (bitte ankreuzen):

○ ✔ ja   ○ ✖ nein

Optionale Verzögerungsdauer in Tagen:

Auf dieser Seite können Sie Fotos vom Bauabschnitt dieser Hausbauwoche einkleben, eir nettes Erlebnis als Text festhalten, ein Anlieferetikett als humorvollen Beitrag einkleben oder auch selbst kreative Skizzen einzeichnen etc.:

Woche 14

Datum:

○ 🪚 Rohbau   ○ 🪛 Innenausbau   ○ 📐 Restarbeiten

In dieser Woche wurden folgende Gewerke begonnen oder erfolgreich fertiggestellt:

In dieser Woche gab es folgende besondere Herausforderungen und/oder Probleme:

In dieser Woche hatten wir fleißige Hilfe von folgenden „Händen" (Familie, Nachbar etc.):

Die Stimmung in dieser Woche war (bitte ankreuzen):

○ ☺ sehr gut   ○ 😐 geht so   ○ ☹ nächste Frage

Liegen wir noch in unserer Zeitplanung? (bitte ankreuzen):

○ ✔ ja   ○ ✖ nein

Optionale Verzögerungsdauer in Tagen:

44

Auf dieser Seite können Sie Fotos vom Bauabschnitt dieser Hausbauwoche einkleben, ein nettes Erlebnis als Text festhalten, ein Anlieferetikett als humorvollen Beitrag einkleben oder auch selbst kreative Skizzen einzeichnen etc.:

Woche 15

○ Rohbau   ○ Innenausbau   ○ Restarbeiten

In dieser Woche wurden folgende Gewerke begonnen oder erfolgreich fertiggestellt:

In dieser Woche gab es folgende besondere Herausforderungen und/oder Probleme:

In dieser Woche hatten wir fleißige Hilfe von folgenden „Händen" (Familie, Nachbar etc.):

Die Stimmung in dieser Woche war (bitte ankreuzen):

○ ☺ sehr gut   ○ 😐 geht so   ○ ☹ nächste Frage

Liegen wir noch in unserer Zeitplanung? (bitte ankreuzen):

○ ✔ ja   ○ ✘ nein

Optionale Verzögerungsdauer in Tagen:

46

Auf dieser Seite können Sie Fotos vom Bauabschnitt dieser Hausbauwoche einkleben, ein nettes Erlebnis als ¯ext festhalten, ein Anlieferetikett als humorvollen Beitrag einkleben oder auch selbst kreative Skizzen einzeichnen etc.:

Woche 16

○ Rohbau   ○ Innenausbau   ○ Restarbeiten

In dieser Woche wurden folgende Gewerke begonnen oder erfolgreich fertiggestellt:

In dieser Woche gab es folgende besondere Herausforderungen und/oder Probleme:

In dieser Woche hatten wir fleißige Hilfe von folgenden „Händen" (Familie, Nachbar etc.):

Die Stimmung in dieser Woche war (bitte ankreuzen):

○ ☺ sehr gut   ○ 😐 geht so   ○ ☹ nächste Frage

Liegen wir noch in unserer Zeitplanung? (bitte ankreuzen):

○ ✔ ja   ○ ✖ nein

Optionale Verzögerungsdauer in Tagen:

Auf dieser Seite können Sie Fotos vom Bauabschnitt dieser Hausbauwoche einkleben, ein nettes Erlebnis als Text festhalten, ein Anlieferetikett als humorvollen Beitrag einkleben oder auch selbst kreative Skizzen einzeichnen etc.:

Woche 17

○ 🔲 Rohbau   ○ 🔲 Innenausbau   ○ 🔲 Restarbeiten

In dieser Woche wurden folgende Gewerke begonnen oder erfolgreich fertiggestellt:

In dieser Woche gab es folgende besondere Herausforderungen und/oder Probleme:

In dieser Woche hatten wir fleißige Hilfe von folgenden „Händen" (Familie, Nachbar etc.):

Die Stimmung in dieser Woche war (bitte ankreuzen):

○ ☺ sehr gut   ○ 😐 geht so   ○ ☹ nächste Frage

Liegen wir noch in unserer Zeitplanung? (bitte ankreuzen):

○ ✔ ja   ○ ✖ nein

Optionale Verzögerungsdauer in Tagen:

Auf dieser Seite können Sie Fotos vom Bauabschnitt dieser Hausbauwoche einkleben, ein nettes Erlebnis als Text festhalten, ein Anlieferetikett als humorvollen Beitrag einkleben oder auch selbst kreative Skizzen einzeichnen etc.:

Woche 18

Datum:

○ Rohbau   ○ Innenausbau   ○ Restarbeiten

In dieser Woche wurden folgende Gewerke begonnen oder erfolgreich fertiggestellt:

In dieser Woche gab es folgende besondere Herausforderungen und/oder Probleme:

In dieser Woche hatten wir fleißige Hilfe von folgenden „Händen" (Familie, Nachbar etc.):

Die Stimmung in dieser Woche war (bitte ankreuzen):

○ ☺ sehr gut   ○ 😐 geht so   ○ ☹ nächste Frage

Liegen wir noch in unserer Zeitplanung? (bitte ankreuzen):

○ ✔ ja   ○ ✘ nein

Optionale Verzögerungsdauer in Tagen:

Auf dieser Seite können Sie Fotos vom Bauabschnitt dieser Hausbauwoche einkleben, ein nettes Erlebnis als Text festhalten, ein Anlieferetikett als humorvollen Beitrag einkleben oder auch selbst kreative Skizzen einzeichnen etc.:

Woche 19

Datum:

○ Rohbau   ○ Innenausbau   ○ Restarbeiten

In dieser Woche wurden folgende Gewerke begonnen oder erfolgreich fertiggestellt:

In dieser Woche gab es folgende besondere Herausforderungen und/oder Probleme:

In dieser Woche hatten wir fleißige Hilfe von folgenden „Händen" (Familie, Nachbar etc.):

Die Stimmung in dieser Woche war (bitte ankreuzen):

○ ☺ sehr gut   ○ 😐 geht so   ○ ☹ nächste Frage

Liegen wir noch in unserer Zeitplanung? (bitte ankreuzen):

○ ✔ ja   ○ ✖ nein

Optionale Verzögerungsdauer in Tagen:

Auf dieser Seite können Sie Fotos vom Bauabschnitt dieser Hausbauwoche einkleben, ein nettes Erlebnis als Text festhalten, ein Anlieferetikett als humorvollen Beitrag einkleben oder auch selbst kreative Skizzen einzeichnen etc.:

Woche 20

Datum:

○ 🧱 Rohbau   ○ 🪣 Innenausbau   ○ 🪚 Restarbeiten

In dieser Woche wurden folgende Gewerke begonnen oder erfolgreich fertiggestellt:

In dieser Woche gab es folgende besondere Herausforderungen und/oder Probleme:

In dieser Woche hatten wir fleißige Hilfe von folgenden „Händen" (Familie, Nachbar etc.):

Die Stimmung in dieser Woche war (bitte ankreuzen):

○ 🙂 sehr gut   ○ 😐 geht so   ○ 🙁 nächste Frage

Liegen wir noch in unserer Zeitplanung? (bitte ankreuzen):

○ ✔ ja   ○ ✖ nein

Optionale Verzögerungsdauer in Tagen:

56

Auf dieser Seite können Sie Fotos vom Bauabschnitt dieser Hausbauwoche einkleben, ein nettes Erlebnis als Text festhalten, ein Anlieferetikett als humorvollen Beitrag einkleben oder auch selbst ‹reative Skizzen einzeichnen etc.:

Woche 21

○ Rohbau   ○ Innenausbau   ○ Restarbeiten

In dieser Woche wurden folgende Gewerke begonnen oder erfolgreich fertiggestellt:

In dieser Woche gab es folgende besondere Herausforderungen und/oder Probleme:

In dieser Woche hatten wir fleißige Hilfe von folgenden „Händen" (Familie, Nachbar etc.):

Die Stimmung in dieser Woche war (bitte ankreuzen):

○ 🙂 sehr gut   ○ 😐 geht so   ○ 🙁 nächste Frage

Liegen wir noch in unserer Zeitplanung? (bitte ankreuzen):

○ ✔ ja   ○ ✘ nein

Optionale Verzögerungsdauer in Tagen:

Auf dieser Seite können Sie Fotos vom Bauabschnitt dieser Hausbauwoche einkleben, ein nettes Erlebnis als Text festhalten, ein Anlieferetikett als humorvollen Beitrag einkleben oder auch selbst kreative Skizzen einzeichnen etc.:

Woche 22

Datum:

○ Rohbau   ○ Innenausbau   ○ Restarbeiten

In dieser Woche wurden folgende Gewerke begonnen oder erfolgreich fertiggestellt:

In dieser Woche gab es folgende besondere Herausforderungen und/oder Probleme:

In dieser Woche hatten wir fleißige Hilfe von folgenden „Händen" (Familie, Nachbar etc.):

Die Stimmung in dieser Woche war (bitte ankreuzen):

○ 🙂 sehr gut   ○ 😐 geht so   ○ 🙁 nächste Frage

Liegen wir noch in unserer Zeitplanung? (bitte ankreuzen):

○ ✔ ja   ○ ✖ nein

Optionale Verzögerungsdauer in Tagen:

Auf dieser Seite können Sie Fotos vom Bauabschnitt dieser Hausbauwoche einkleben, ein nettes Erlebnis als Text festhalten, ein Anlieferetikett als humorvollen Beitrag einkleben oder auch selbst kreative Skizzen einzeichnen etc.:

Woche 23

○ 🔨 Rohbau   ○ 🧹 Innenausbau   ○ 📐 Restarbeiten

In dieser Woche wurden folgende Gewerke begonnen oder erfolgreich fertiggestellt:

In dieser Woche gab es folgende besondere Herausforderungen und/oder Probleme:

In dieser Woche hatten wir fleißige Hilfe von folgenden „Händen" (Familie, Nachbar etc.):

Die Stimmung in dieser Woche war (bitte ankreuzen):

○ 🙂 sehr gut   ○ 😐 geht so   ○ 🙁 nächste Frage

Liegen wir noch in unserer Zeitplanung? (bitte ankreuzen):

○ ✔ ja   ○ ✘ nein

Optionale Verzögerungsdauer in Tagen:

Auf dieser Seite können Sie Fotos vom Bauabschnitt dieser Hausbauwoche einkleben, ein nettes Erlebnis als Text festhalten, ein Anlieferetikett als humorvollen Beitrag einkleben oder auch selbst kreative Skizzen einzeichnen etc.:

Woche 24

Datum:

○ 🔨 Rohbau   ○ 🖌 Innenausbau   ○ 📐 Restarbeiten

In dieser Woche wurden folgende Gewerke begonnen oder erfolgreich fertiggestellt:

In dieser Woche gab es folgende besondere Herausforderungen und/oder Probleme:

In dieser Woche hatten wir fleißige Hilfe von folgenden „Händen" (Familie, Nachbar etc.):

Die Stimmung in dieser Woche war (bitte ankreuzen):

○ 🙂 sehr gut   ○ 😐 geht so   ○ 🙁 nächste Frage

Liegen wir noch in unserer Zeitplanung? (bitte ankreuzen):

○ ✔ ja   ○ ✖ nein

Optionale Verzögerungsdauer in Tagen:

Auf dieser Seite können Sie Fotos vom Bauabschnitt dieser Hausbauwoche einkleben, ein nettes Erlebnis als Text festhalten, ein Anlieferetikett als humorvollen Beitrag einkleben oder auch selbst kreative Skizzen einzeichnen etc.:

Woche 25

○ Rohbau   ○ Innenausbau   ○ Restarbeiten

In dieser Woche wurden folgende Gewerke begonnen oder erfolgreich fertiggestellt:

In dieser Woche gab es folgende besondere Herausforderungen und/oder Probleme:

In dieser Woche hatten wir fleißige Hilfe von folgenden „Händen" (Familie, Nachbar etc.):

Die Stimmung in dieser Woche war (bitte ankreuzen):

○ ☺ sehr gut   ○ 😐 geht so   ○ ☹ nächste Frage

Liegen wir noch in unserer Zeitplanung? (bitte ankreuzen):

○ ✔ ja   ○ ✖ nein

Optionale Verzögerungsdauer in Tagen:

Auf dieser Seite können Sie Fotos vom Bauabschnitt dieser Hausbauwoche einkleben, ein nettes Erlebnis als Text festhalten, ein Anlieferetikett als humorvollen Beitrag einkleben oder auch selbst kreative Skizzen einzeichnen etc.:

Woche 26

◯ 🔨 Rohbau   ◯ 🖌 Innenausbau   ◯ 🔧 Restarbeiten

In dieser Woche wurden folgende Gewerke begonnen oder erfolgreich fertiggestellt:

In dieser Woche gab es folgende besondere Herausforderungen und/oder Probleme:

In dieser Woche hatten wir fleißige Hilfe von folgenden „Händen" (Familie, Nachbar etc.):

Die Stimmung in dieser Woche war (bitte ankreuzen):

◯ 🙂 sehr gut   ◯ 😐 geht so   ◯ 🙁 nächste Frage

Liegen wir noch in unserer Zeitplanung? (bitte ankreuzen):

◯ ✔ ja   ◯ ✘ nein

Optionale Verzögerungsdauer in Tagen:

Auf dieser Seite können Sie Fotos vom Bauabschnitt dieser Hausbauwoche einkleben, ein nettes Erlebnis als Text festhalten, ein Anlieferetikett als humorvollen Beitrag einkleben oder auch selbst kreative Skizzen einzeichnen etc.:

Woche 27

○ 🧱 Rohbau   ○ 🎨 Innenausbau   ○ 🔧 Restarbeiten

In dieser Woche wurden folgende Gewerke begonnen oder erfolgreich fertiggestellt:

In dieser Woche gab es folgende besondere Herausforderungen und/oder Probleme:

In dieser Woche hatten wir fleißige Hilfe von folgenden „Händen" (Familie, Nachbar etc.):

Die Stimmung in dieser Woche war (bitte ankreuzen):

○ 🙂 sehr gut   ○ 😐 geht so   ○ 🙁 nächste Frage

Liegen wir noch in unserer Zeitplanung? (bitte ankreuzen):

○ ✔ ja   ○ ✘ nein

Optionale Verzögerungsdauer in Tagen:

Auf dieser Seite können Sie Fotos vom Bauabschnitt dieser Hausbauwoche einkleben, ein nettes Erlebnis als Text festhalten, ein Anlieferetikett als humorvollen Beitrag einkleben oder auch selbst kreative Skizzen einzeichnen etc.:

Woche 28

○ Rohbau   ○ Innenausbau   ○ Restarbeiten

In dieser Woche wurden folgende Gewerke begonnen oder erfolgreich fertiggestellt:

In dieser Woche gab es folgende besondere Herausforderungen und/oder Probleme:

In dieser Woche hatten wir fleißige Hilfe von folgenden „Händen" (Familie, Nachbar etc.):

Die Stimmung in dieser Woche war (bitte ankreuzen):

○ ☺ sehr gut   ○ 😐 geht so   ○ ☹ nächste Frage

Liegen wir noch in unserer Zeitplanung? (bitte ankreuzen):

○ ✔ ja   ○ ✘ nein

Optionale Verzögerungsdauer in Tagen:

72

Auf dieser Seite können Sie Fotos vom Bauabschnitt dieser Hausbauwoche einkleben, ein nettes Erlebnis als Text festhalten, ein Anlieferetikett als humorvollen Beitrag einkleben oder auch selbst kreative Skizzen einzeichnen etc.:

Woche 29

Datum:

◯ 🔲 Rohbau   ◯ 🔲 Innenausbau   ◯ 🔲 Restarbeiten

In dieser Woche wurden folgende Gewerke begonnen oder erfolgreich fertiggestellt:

In dieser Woche gab es folgende besondere Herausforderungen und/oder Probleme:

In dieser Woche hatten wir fleißige Hilfe von folgenden „Händen" (Familie, Nachbar etc.):

Die Stimmung in dieser Woche war (bitte ankreuzen):

◯ 🙂 sehr gut   ◯ 😐 geht so   ◯ 🙁 nächste Frage

Liegen wir noch in unserer Zeitplanung? (bitte ankreuzen):

◯ ✔ ja   ◯ ✖ nein

Optionale Verzögerungsdauer in Tagen:

Auf dieser Seite können Sie Fotos vom Bauabschnitt dieser Hausbauwoche einkleben, ein nettes Erlebnis als Text festhalten, ein Anlieferetikett als humorvollen Beitrag einkleben oder auch selbst kreative Skizzen einzeichnen etc.:

Woche 30

○ Rohbau   ○ Innenausbau   ○ Restarbeiten

In dieser Woche wurden folgende Gewerke begonnen oder erfolgreich fertiggestellt:

In dieser Woche gab es folgende besondere Herausforderungen und/oder Probleme:

In dieser Woche hatten wir fleißige Hilfe von folgenden „Händen" (Familie, Nachbar etc.):

Die Stimmung in dieser Woche war (bitte ankreuzen):

○ ☺ sehr gut   ○ 😐 geht so   ○ ☹ nächste Frage

Liegen wir noch in unserer Zeitplanung? (bitte ankreuzen):

○ ✔ ja   ○ ✘ nein

Optionale Verzögerungsdauer in Tagen:

76

Auf dieser Seite können Sie Fotos vom Bauabschnitt dieser Hausbauwoche einkleben, ein nettes Erlebnis als Text festhalten, ein Anlieferetikett als humorvollen Beitrag einkleben oder auch selbst kreative Skizzen einzeichnen etc.:

Woche 31

Datum:

○ Rohbau   ○ Innenausbau   ○ Restarbeiten

In dieser Woche wurden folgende Gewerke begonnen oder erfolgreich fertiggestellt:

In dieser Woche gab es folgende besondere Herausforderungen und/oder Probleme:

In dieser Woche hatten wir fleißige Hilfe von folgenden „Händen" (Familie, Nachbar etc.):

Die Stimmung in dieser Woche war (bitte ankreuzen):

○ ☺ sehr gut   ○ 😐 geht so   ○ ☹ nächste Frage

Liegen wir noch in unserer Zeitplanung? (bitte ankreuzen):

○ ✔ ja   ○ ✖ nein

Optionale Verzögerungsdauer in Tagen:

Auf dieser Seite können Sie Fotos vom Bauabschnitt dieser Hausbauwoche einkleben, ein nettes Erlebnis als Text festhalten, ein Anlieferetikett als humorvollen Beitrag einkleben oder auch selbst kreative Skizzen einzeichnen etc.:

Woche 32

Datum:

○ Rohbau   ○ Innenausbau   ○ Restarbeiten

In dieser Woche wurden folgende Gewerke begonnen oder erfolgreich fertiggestellt:

In dieser Woche gab es folgende besondere Herausforderungen und/oder Probleme:

In dieser Woche hatten wir fleißige Hilfe von folgenden „Händen" (Familie, Nachbar etc.):

Die Stimmung in dieser Woche war (bitte ankreuzen):

○ 🙂 sehr gut   ○ 😐 geht so   ○ 🙁 nächste Frage

Liegen wir noch in unserer Zeitplanung? (bitte ankreuzen):

○ ✔ ja   ○ ✖ nein

Optionale Verzögerungsdauer in Tagen:

Auf dieser Seite können Sie Fotos vom Bauabschnitt dieser Hausbauwoche einkleben, ein nettes Erlebnis als Text festhalten, ein Anlieferetikett als humorvollen Beitrag einkleben oder auch selbst kreative Skizzen einzeichnen etc.:

Woche 33

○ Rohbau   ○ Innenausbau   ○ Restarbeiten

In dieser Woche wurden folgende Gewerke begonnen oder erfolgreich fertiggestellt:

In dieser Woche gab es folgende besondere Herausforderungen und/oder Probleme:

In dieser Woche hatten wir fleißige Hilfe von folgenden „Händen" (Familie, Nachbar etc.):

Die Stimmung in dieser Woche war (bitte ankreuzen):

○ ☺ sehr gut   ○ 😐 geht so   ○ ☹ nächste Frage

Liegen wir noch in unserer Zeitplanung? (bitte ankreuzen):

○ ✔ ja   ○ ✖ nein

Optionale Verzögerungsdauer in Tagen:

Auf dieser Seite können Sie Fotos vom Bauabschnitt dieser Hausbauwoche einkleben, ein nettes Erlebnis als Text festhalten, ein Anlieferetikett als humorvollen Beitrag einkleben oder auch selbst kreative Skizzen einzeichnen etc.:

Woche 34

○ Rohbau   ○ Innenausbau   ○ Restarbeiten

In dieser Woche wurden folgende Gewerke begonnen oder erfolgreich fertiggestellt:

In dieser Woche gab es folgende besondere Herausforderungen und/oder Probleme:

In dieser Woche hatten wir fleißige Hilfe von folgenden „Händen" (Familie, Nachbar etc.):

Die Stimmung in dieser Woche war (bitte ankreuzen):

○ ☺ sehr gut   ○ ☐ geht so   ○ ☹ nächste Frage

Liegen wir noch in unserer Zeitplanung? (bitte ankreuzen):

○ ✔ ja   ○ ✘ nein

Optionale Verzögerungsdauer in Tagen:

Auf dieser Seite können Sie Fotos vom Bauabschnitt dieser Hausbauwoche einkleben, ein nettes Erlebnis als Text festhalten, ein Anlieferetikett als humorvollen Beitrag einkleben oder auch selbst kreative Skizzen einzeichnen etc.:

Woche 35

Datum:

○ 🔲 Rohbau   ○ 🔲 Innenausbau   ○ 🔲 Restarbeiten

In dieser Woche wurden folgende Gewerke begonnen oder erfolgreich fertiggestellt:

In dieser Woche gab es folgende besondere Herausforderungen und/oder Probleme:

In dieser Woche hatten wir fleißige Hilfe von folgenden „Händen" (Familie, Nachbar etc.):

Die Stimmung in dieser Woche war (bitte ankreuzen):

○ 🙂 sehr gut   ○ 😐 geht so   ○ 🙁 nächste Frage

Liegen wir noch in unserer Zeitplanung? (bitte ankreuzen):

○ ✔ ja   ○ ✘ nein

Optionale Verzögerungsdauer in Tagen:

Auf dieser Seite können Sie Fotos vom Bauabschnitt dieser Hausbauwoche einkleben, ein nettes Erlebnis als Text festhalten, ein Anlieferetikett als humorvollen Beitrag einkleben oder auch selbst kreative Skizzen einzeichnen etc.:

Woche 36

○ 🧱 Rohbau   ○ 🪣 Innenausbau   ○ ✏️ Restarbeiten

In dieser Woche wurden folgende Gewerke begonnen oder erfolgreich fertiggestellt:

In dieser Woche gab es folgende besondere Herausforderungen und/oder Probleme:

In dieser Woche hatten wir fleißige Hilfe von folgenden „Händen" (Familie, Nachbar etc.):

Die Stimmung in dieser Woche war (bitte ankreuzen):

○ 🙂 sehr gut   ○ 😐 geht so   ○ 🙁 nächste Frage

Liegen wir noch in unserer Zeitplanung? (bitte ankreuzen):

○ ✔️ ja   ○ ✖️ nein

Optionale Verzögerungsdauer in Tagen:

Auf dieser Seite können Sie Fotos vom Bauabschnitt dieser Hausbauwoche einkleben, ein nettes Erlebnis als Text festhalten, ein Anlieferetikett als humorvollen Beitrag einkleben oder auch selbst kreative Skizzen einzeichnen etc.:

Woche 37

Datum:

○ 🔨 Rohbau   ○ 🎨 Innenausbau   ○ 📐 Restarbeiten

In dieser Woche wurden folgende Gewerke begonnen oder erfolgreich fertiggestellt:

In dieser Woche gab es folgende besondere Herausforderungen und/oder Probleme:

In dieser Woche hatten wir fleißige Hilfe von folgenden „Händen" (Familie, Nachbar etc.):

Die Stimmung in dieser Woche war (bitte ankreuzen):

○ 🙂 sehr gut   ○ 😐 geht so   ○ 🙁 nächste Frage

Liegen wir noch in unserer Zeitplanung? (bitte ankreuzen):

○ ✔ ja   ○ ✘ nein

Optionale Verzögerungsdauer in Tagen:

90

Auf dieser Seite können Sie Fotos vom Bauabschnitt dieser Hausbauwoche einkleben, ein nettes Erlebnis als Text festhalten, ein Anlieferetikett als humorvollen Beitrag einkleben oder auch selbst kreative Skizzen einzeichnen etc.:

Woche 38

Datum:

○ 🛠 Rohbau   ○ 🖌 Innenausbau   ○ 📐 Restarbeiten

In dieser Woche wurden folgende Gewerke begonnen oder erfolgreich fertiggestellt:

In dieser Woche gab es folgende besondere Herausforderungen und/oder Probleme:

In dieser Woche hatten wir fleißige Hilfe von folgenden „Händen" (Familie, Nachbar etc.):

Die Stimmung in dieser Woche war (bitte ankreuzen):

○ 🙂 sehr gut   ○ 😐 geht so   ○ 🙁 nächste Frage

Liegen wir noch in unserer Zeitplanung? (bitte ankreuzen):

○ ✔ ja   ○ ✘ nein

Optionale Verzögerungsdauer in Tagen:

Auf dieser Seite können Sie Fotos vom Bauabschnitt dieser Hausbauwoche einkleben, ein nettes Erlebnis als Text festhalten, ein Anlieferetikett als humorvollen Beitrag einkleben oder auch selbst kreative Skizzen einzeichnen etc.:

Woche 39

○ Rohbau   ○ Innenausbau   ○ Restarbeiten

In dieser Woche wurden folgende Gewerke begonnen oder erfolgreich fertiggestellt:

In dieser Woche gab es folgende besondere Herausforderungen und/oder Probleme:

In dieser Woche hatten wir fleißige Hilfe von folgenden „Händen" (Familie, Nachbar etc.):

Die Stimmung in dieser Woche war (bitte ankreuzen):

○ ☺ sehr gut   ○ 😐 geht so   ○ ☹ nächste Frage

Liegen wir noch in unserer Zeitplanung? (bitte ankreuzen):

○ ✔ ja   ○ ✘ nein

Optionale Verzögerungsdauer in Tagen:

Auf dieser Seite können Sie Fotos vom Bauabschnitt dieser Hausbauwoche einkleben, ein nettes Erlebnis als Text festhalten, ein Anlieferetikett als humorvollen Beitrag einkleben oder auch selbst kreative Skizzen einzeichnen etc.:

Woche 40

Datum:

○ Rohbau   ○ Innenausbau   ○ Restarbeiten

In dieser Woche wurden folgende Gewerke begonnen oder erfolgreich fertiggestellt:

In dieser Woche gab es folgende besondere Herausforderungen und/oder Probleme:

In dieser Woche hatten wir fleißige Hilfe von folgenden „Händen" (Familie, Nachbar etc.):

Die Stimmung in dieser Woche war (bitte ankreuzen):

○ ☺ sehr gut   ○ 😐 geht so   ○ ☹ nächste Frage

Liegen wir noch in unserer Zeitplanung? (bitte ankreuzen):

○ ✔ ja   ○ ✘ nein

Optionale Verzögerungsdauer in Tagen:

96

Auf dieser Seite können Sie Fotos vom Bauabschnitt dieser Hausbauwoche einkleben, ein nettes Erlebnis als Text festhalten, ein Anlieferetikett als humorvollen Beitrag einkleben oder auch selbst kreative Skizzen einzeichnen etc.:

Richtfest

Datum:

 Richtfest

Richtfest

Richtfest

Prüfungen / Abnahme

Die Rohbauabnahme erfolgte am:

◯ 🙂 mängelfrei   ◯ ☹ mit folgenden Mängeln:

Die abschließende Fertigstellung erfolgte am:

◯ 🙂 mängelfrei   ◯ ☹ mit folgenden Mängeln:

Prüfungen / Abnahme

Die Dichtheitsprüfung erfolgte am:

○ ☺ dicht   ○ ☹ nicht dicht

Der Blower-Door-Test erfolgte am:

mit einem Wert von:

Die Endabnahme mit dem Architekten/Bauträger erfolgte am:

○ ☺ mängelfrei   ○ ☹ mit folgenden Mängeln:

Resümee

Unser Einzug erfolgte am:

Die tatsächlichen Baukosten beliefen sich auf:

Unser Zeitplan wurde:

○ ☺ eingehalten

○ ☹ um · · · Tage
überschritten

104

 # Das fertige Haus

 Das fertige Haus

 # Das fertige Haus